Für Oma Otterberg.
J.K.

Für alle guten Freundinnen und Freunde.
M.T.

Mehr über unsere Bücher, Autor:innen und Illustrator:innen auf:
www.thienemann-esslinger.de

Julia Klee, mit Bildern von Meike Teichmann
Weihnachtsglück für Oma Lotti
ISBN 978-3-480-23780-7

Einbandtypografie: Stephanie Reis, www.letterette.de
Innentypografie: Doris Grüniger, buchundgrafik.ch
Reproduktion: Schwabenrepro GmbH, Fellbach
Druck und Bindung: Livonia Print, Riga, Lettland

© 2023 Esslinger in der Thienemann-Esslinger Verlag GmbH
Printed in Latvia
Alle Rechte vorbehalten.
Wir behalten uns die Nutzung unserer Inhalte für Text und
Data Mining im Sinne von § 44 UrhG ausdrücklich vor.

WEIHNACHTSGLÜCK für Oma Lotti

Julia Klee ♥ Meike Teichmann

ess!inger

Über dem Blaubeerwald schwebt eine herrliche Vorfreude. Weihnachten steht vor der Tür! Für die kleinen Tiere ist es die schönste Zeit des Jahres: Wenn die großen Tannen dicke weiße Mützen tragen, und sie mit ihren Schlitten um die Wette sausen können. Wenn es überall nach frisch gebackenen Plätzchen duftet. Und alle gemeinsam den Dorfplatz schmücken, bis er wie verzaubert aussieht.

Auch die kleine Maus Mimi liebt Weihnachten über alles! In diesem Jahr freut sie sich ganz besonders. Denn schließlich kommt Oma Lotti zu Besuch, um mit ihr zusammen ein gemütliches Mäusefest zu feiern.

Mimi schüttelt ein paar Schneeflöckchen aus ihrem Fell. Jetzt aber nichts wie nach Hause, denn sie hat noch alle Pfötchen voll zu tun!

In der Mäusehöhle wartet ein Brief. „Für meine liebste Mimi"
steht darauf. Oma Lottis Schrift erkennt Mimi sofort. Hastig reißt sie
den Umschlag auf. „Pfote gebrochen" – „Hab dich sehr lieb!" –
„Dicker Mäusekuss", purzeln ihr die Worte entgegen. Ach herrje,
Oma Lotti ist beim Einkaufen gestürzt und hat sich die Pfote gebrochen!
Mit Gips kann sie natürlich nicht in den Blaubeerwald kommen.
Dabei hat Mimi sich so auf den Besuch gefreut.
Tränen steigen ihr in die Augen.

Doch dann erinnert sie sich an etwas, das Oma Lotti immer sagt:
„Wenn die Maus nicht zum Käse kommen kann, muss der Käse eben zur Maus."
Und da hat Mimi eine Idee: Sie wird zu Oma Lotti fahren und sie überraschen.
Mit allem, was zu einer richtigen Mäuseweihnacht dazugehört. „Es soll
das schönste Fest aller Zeiten in Oma Lottis gemütlicher Teekanne werden!",
flüstert Mimi. Und da fühlt sich ihr Herz schon wieder viel leichter an.

Gleich am nächsten Morgen beginnt Mimi mit den Vorbereitungen. Dieses Jahr ist sie die Weihnachtsbäckerin, na klar! So oft hat sie dabei zugesehen, wie Oma Lotti den Teig für ihre Lieblingskekse, butterfeine Katzenpfötchen mit dunkler Schokolade, anrührt. Vom Teig darf Mimi jedes Mal ein bisschen naschen. Mmmh!

Schon reißt Mimi die Schränke auf, findet hier etwas Mehl, dort etwas Puderzucker, ein paar Eier und zum Glück auch ein Töpfchen Butter. Mimi wirbelt, Mimi rührt, Mimi spritzt und Mimi knetet. Im Handumdrehen verwandelt sie die Mäusehöhle in ein zuckersüßes Winterwunderland. Wenn ihre Pfötchen bloß nicht so kleben würden! Mimi muss doch schnell zum Ofen, die Plätzchen sind fertig. Oje, zu spät, die Kekse sind rabenschwarz! Und dann rutscht Mimi auch noch in einer glibberigen Eierpfütze aus und landet im hohen Bogen auf ihrem Mäusepopo, uff ...

„So ein Käse!", seufzt sie. Am besten kümmert sie sich erst einmal um den Weihnachtsbaum. Der wird bei Mäusen, ganz genau, aus Käse gemacht. Mit einem Stern oben auf der Spitze.

Mimi huscht in die Speisekammer, wo sie ihre Vorräte für den Winter aufbewahrt: Äpfel, Nüsse, Kompott, köstlich klebrige Blaubeermarmelade und den großen goldgelben Laib.

Mimi stemmt sich gegen den Käse. Doch Himmel, Fell und Zwirn! Er bewegt sich kein bisschen.

Mimi zieht noch einmal mit aller Kraft. Dabei stößt sie gegen das Regal. Und da passiert es …

Die Marmeladengläser wackeln, klirren … und purzeln auf den Boden! Mimi und die Speisekammer sind blaubeerblau gesprengelt. Oh nein!

Heute geht aber auch alles schief! So hat sich Mimi die große Überraschung für Oma Lotti nicht vorgestellt. Und ihr bleibt nicht mehr viel Zeit. Nur noch ein Mal schlafen, dann ist Weihnachten! Jetzt hilft nur eins: Tief durchatmen und erst einmal eine Tasse Tee trinken, so wie es auch Oma Lotti tun würde.

Mimi setzt das Teekesselchen auf. Doch nanu, das Feuer ist aus! Mimi muss den Ofen wieder anzünden. Sie öffnet die Luke und wirft einen großen Holzscheit hinein. Ausgerechnet in dieser Sekunde kitzelt Mimis Nase und sie niest – Haaaaaatschi – mitten in die Flamme!

Arme Mimi! Das Schnäuzchen voller Ruß hat sie sich ihre Tasse Löwenzahntee wirklich verdient! Kraftlos sinkt sie in den großen Sessel.
Am liebsten würde sie sich einfach die Decke über die Mäuseohren ziehen.
„Aber das geht doch nicht!", flüstert Mimi und denkt so lange fest an Oma Lotti, bis ihr Herz wieder warm wird.

„Ach herrje!" Da fällt es Mimi wieder ein: Sie muss unbedingt noch den großen Schal fertigstricken, den Oma Lotti zu Weihnachten bekommen soll. Mimi schwingt die Nadel ... Linksrum, rechtsrum – doch wer ist jetzt das Weihnachtsgeschenk?

„Dichtes Schneegestöber rund um den Blaubeerwald –
Busverkehr bis auf Weiteres eingestellt", tönt der Wetterbericht
aus dem Radio. Auch das noch? Wie soll sie denn jetzt bloß zu Oma Lotti kommen?
Mimi schlägt sich die Pfoten vors Gesicht. Ein tiefes Schluchzen entfährt ihr.
Dicke Mäusetränen kullern über ihre Wangen … Und genau in diesem Moment
hört Mimi ein Klopfen.

Vor dem Fenster drücken sich fünf Tiere die Schnäuzchen platt.
Na die kennt Mimi doch! Blitzschnell nagt sie den Faden durch.
„Hast du uns gar nicht bemerkt?", japst Willi, der kleine Igel.
„Ach Mimi, wir wollen dir helfen!", ruft Gretchen mit dem schneeweißen Fell.
„Denn dazu sind doch gute Freunde da!", ergänzen
Lini und Juno, die Hörnchen-Schwestern.
„Was sollen wir machen, was sollen wir machen?",
fragt Henri und hopst begeistert auf und ab.

Mimi kann ihr Glück kaum fassen!
Sie strahlt über beide Ohren wie eine Honigkuchenmaus.

So viele helfende Pfoten packen jetzt mit an und unterstützen sie bei den Weihnachtsvorbereitungen. Noch mehr Spaß macht das natürlich, wenn man dabei ein schönes Weihnachtslied singt.
„Was ist euer Lieblingslied?", fragt Mimi. Da klopft es noch einmal ...

Als Mimi das Fenster öffnet, flattert Rubi, das Rotkehlchen, herein.
„Ach, Rubi, du kommst gerade richtig!", strahlt Mimi. Rubi kann nämlich
alle Weihnachtslieder auswendig zwitschern. Und während sich das
Chaos in der Mäusehöhle langsam lichtet, stimmen alle Freunde
aus dem Blaubeerwald mit ein und singen „Leise rieselt der Schnee".
„Ach ja, der viele Schnee!", seufzt Mimi und ihr Herz wird wieder schwer.

Juno legt ihr eine Pfote auf die Schulter. Doch es hilft nichts: „Ohne Bus kann ich unmöglich zu Oma Lotti kommen. Es ist einfach zu weit!", schnieft Mimi.
„Und dann auch noch mit dem Käsebaum, den Plätzchen, den Geschenken!", nickt Lini.
„Dieses verflixte Schneegestöber!", seufzt Willi. „Wir können nichts tun."
„Moment mal!", ruft Gretchen da. „Vielleicht gibt es doch etwas!"
Sie flüstert Rubi etwas zu. Kurz darauf verlässt das Rotkehlchen die Mäusehöhle. Was es wohl vorhat?

Auch am Weihnachtsmorgen tanzen dichte Schneeflocken
über dem Blaubeerwald. Mimis Fenster sind von wunderschönen
Eisblumen überzogen. In der Mäusehöhle ist es zum Glück
kuschelig warm. Und das liegt nicht nur am knisternden Kaminfeuer …
Ganz zu Mimis Freude sind alle Freunde wiedergekommen,
Gretchen und Rubi haben sogar noch jemand Besonderen mitgebracht.
Die machen es aber ganz schön spannend …

Es ist Frau Dachs vom Holunderweg gleich nebenan. Sie ist nicht nur viel größer als Mimi und ihre Freunde, sondern auch viel stärker als alle zusammen.
„Steig auf, Mimi!", zwitschert Rubi. „Frau Dachs wird dich zu Oma Lotti bringen!"
Mimi traut ihren Ohren nicht. Ihr Herz hüpft vor Freude.
„Oh danke, ihr seid einfach die besten Freunde der Welt!", jubelt sie. Und schon sitzt sie hoch oben auf dem weichen Rücken. Frau Dachs nickt ihr freundlich zu und setzt sich langsam in Bewegung.

An der alten Eiche, am kleinen Bach, überall
bestaunen die Tiere den bunten Weihnachtszug!
Während sich die Dämmerung langsam über den Wald senkt,
funkeln Mimis Augen mit den Laternen um die Wette.

Ein stiller Zauber liegt über dem Kornfeld. Aus der roten, verschneiten Teekanne strahlt gemütliches Licht. Als sich die Tür öffnet und Oma Lotti nach draußen schaut, hebt Mimi die Pfote und gibt das Signal. Rubi zwitschert ein Weihnachtslied und alle Tiere stimmen mit ein. Dann treten Mimis Freunde einer nach dem anderen beiseite und geben den Blick auf Willi frei, der einen märchenhaften Eistanz auf einer zugefrorenen Pfütze vollführt.
Was ist Oma Lotti da gerührt!

„Ach, Mimi!", seufzt sie. Mimi umarmt sie fest. Und ehe nun die vielen Leckereien und Geschenke überreicht werden, verkündet Gretchen: „Wann immer Sie Mimi im Blaubeerwald besuchen möchten, Frau Lotti, Sie können sich auf Frau Dachs verlassen: Sie ist Ihr neues Taxi für alle Fälle – Ihr Daxi."

Als die Sterne hoch am Himmel funkeln, machen es sich alle in Oma Lottis Teekanne gemütlich. Es wird geknabbert, gesungen, getanzt und gelacht.
„Das ist die schönste Weihnachtsüberraschung aller Zeiten!", haucht Oma Lotti und gibt Mimi einen dicken Mäusekuss.
„Ohne euch hätte ich das nie geschafft – vielen Dank!", wendet sich Mimi an ihre Freunde.
Willi, Rubi, Henri und die Hörnchen-Schwestern strahlen.
Und Mimi weiß ganz genau, was das bedeutet: Weihnachten ist einfach ein Fest der Freu(n)de!

Frohe Weihnachten!